Le Psautier d'Hermophile
envoyé à Philalèthe

suivi du

Dictionnaire élémentaire à l'usage
des jeunes disciples d'Hermès

Les classiques de l'Alchimie

Collection dirigée par Geneviève Dubois

Le Psautier d'Hermophile envoyé à Philalèthe

suivi du

Dictionnaire élémentaire à l'usage des jeunes disciples d'Hermès

Éditions Dervy
34, boulevard Edgar-Quinet
75014 Paris

© Éditions Dervy, 1997
ISBN 2-85076-826-X

SUR LES SOURCES

On ne sait rien du Psautier d'Hermophile, qui est ici proposé par Pierre-Jean Joubert de la Salette, ce chercheur en alchimie et en musique, né à Grenoble en 1762 et qui fut l'ami du frère de Champollion. Il fit de nombreuses traductions de textes alchimiques dont l'excellent « Dialogue entre la Nature et le Fils de la Philolophie » d'Egidius de Vadis.

J. Marcus de Vèze relate que « Hermophilus Philochimicus fut le pseudonyme d'un auteur, dont les aphorismes ont eu de nombreuses éditions, les plus connues étant celles de 1608, 1609 et de 1624.

Voici le titre exact de cet ouvrage : *Hermopolus vel Hermophilus Philochemicus de anima corporea, spiritu majoris et minoris mundi, seu aphorismi basiliani, vel Canones Hermetis* vol. in 8, Marpurgi 1608, 1609 et 1624. Quant au *Psautier* du même auteur, il est fort peu connu.

Le médecin parisien du XVIIe siècle, Guillaume Salmon, rassembla des textes alchimiques dans sa *Bibliothèque des Philosophes Chimiques*, dont la première édition parut chez Charles Angot en 1672 en deux volumes. Mais c'est seulement dans la troisième édition de 1754, en quatre volumes, que se trouve le Psautier d'Hermophile (dans le quatrième tome, page 304). Il se peut que ce soit Jean Mangin de Richebourg qui l'ait inclus, car c'est lui qui « a revu, corrigé et augmenté de plusieurs philosophes, avec des figures et des notes pour faciliter l'intelligence de leur doctrine » (Caillet – 9854).

Nous retrouvons une note page 168 du *Mystère des Cathédrales* de Fulcanelli, édition Pauvert, 1964, où il est écrit que le Psautier d'Hermophile figure dans *Traités de la Transmutation des Métaux*, manuscrit anonyme du XVIIIe siècle.

Le rédacteur anonyme de ce recueil de cent cinquante psaumes qu'est le Psautier d'Hermophile, cite un bon nombre d'ouvrages et d'alchimistes réputés qui viennent ainsi appuyer son texte : Hermès, Pythagore, Senior, Petrus Bonus, Paracelse Basile Valentin, Sendivogius, Le Cosmopolite, Philalèthe, Lavinius, Trévisan, Synésius, Zachaire, Riplée et les intervenants de la *Tourbe des Philosophes*. Il nous donne également un information sur la période à laquelle il vécut, puisqu'il se dit contemporain de Philalèthe, illustre alchimiste et Grand Maître de la Rose + Croix, né en Angleterre vers 1612.

Le Psautier d'Hermophile est suivi d'un *petit dictionnaire à l'usage des disciples d'Hermès*. C'est un commentaire du Psautier, rédigé sans doute par Joubert de la Salette qui tentait ainsi d'éclairer ce texte, en le paraphrasant. Il nous a semblé intéressant de le présenter au lecteur.

LE PSAUTIER D'HERMOPHILE ENVOYÉ A PHILALÈTHE

I

Tous les philosophes sont d'accord, que l'œuvre des sages qui est la composition de la pierre, peut être comparée à la création de l'univers. En effet, cet ouvrage de l'esprit et de la sagesse humaine, représente fort bien l'ouvrage de l'esprit et de la sagesse divine qui a créé le monde. Mais il y a cette différence, que Dieu créa toutes choses sans avoir besoin d'aucun sujet qui servit de matière ou d'instruments à son opération, alors que le philosophe a besoin d'une matière sur laquelle il travaille et du feu comme l'instrument et le conducteur de son ouvrage.

II

L'art qui est le singe de la nature, comme la nature est le singe du créateur, travaille sur un certain chaos ou corps ténébreux et sépare d'abord la lumière des ténèbres et comme il ne peut pas créer cette matière, il la reçoit des mains de la nature et de son auteur ; et de cette matière, il en compose son grand ouvrage. Dès le commencement, le sage artiste n'a d'autre soin que de la préparer avec industrie, de séparer le subtil de l'épais et le feu de la terre, et de tirer de ce chaos une certaine humidité mercurielle, brillante et lumineuse qui contient tout ce qu'il cherche.

III

Les éléments de la pierre qui sont l'eau et le feu sont contenus dans ce chaos. Le feu et cette eau sont le soufre et le mercure qui sont les deux agents de la pierre et matériaux nécessaires pour composer la pierre physique. Ces deux matières sont toutes choses, sont partout et en tout temps, mais il ne faut pas les chercher indifféremment partout, même en toute sorte de sujet, parce que la nature les a merveilleusement enveloppés ; ce qui a obligé tous les philosophes à dire et enseigner qu'il faut quitter toute sorte de nature étrangère et prendre la nature métallique, minérale et ce du mâle et de la femelle.

IV

Ce mâle et cette femelle sont le soufre et le mercure, l'agent et le patient, le soleil et la lune, le fixe et le volatil, la terre et l'eau ou le ciel et la terre contenus dans le chaos des sages qui est leur sujet primitif dans lequel ils sont conjoints ensemble naturellement, avant que l'artiste y ait mis les mains. Mais, s'il en veut faire quelque chose, il est nécessaire qu'il les sépare, qu'il les purifie et qu'ensuite il les réunisse d'un lien plus fort que celui que la nature leur avait donné. Et ainsi, d'un il fait deux et de deux, un, et par ce moyen, il est composé un chaos artificiel d'où sortent de suite les miracles du monde ou de l'art.

V

Du premier chaos ou sujet primitif, créé des mains de la nature, l'art sépare et purifie la matière et ôte par ce moyen toutes les impuretés qui sont les obstacles ténébreux opposés aux opérations lumineuses de la nature. Ainsi il engendre et fait sortir de ce chaos, Diane et Apollon ou bien la lune et le soleil qui naissent de Délos, c'est-à-dire par la manifestation des choses cachées. C'est la première opération où l'artiste compose l'or vif, ou le soufre des sages et leur mercure et leur argent-vif et les ayant unis tous deux, il en fait le mercure des sages dont le père et la mère sont le soleil et la lune.

VI

Le mercure des philosophes est l'enfant du soufre et de l'argent-vif suivant la doctrine du Cosmopolite et de tous les sages. C'est ce mercure ou argent-vif des philosophes qui suffit à l'artiste avec le feu ; et de ce mercure seul, on peut faire un or véritable et bon à toute épreuve. Cet or, tout de feu et plein de vie, le faisant rentrer par une solution nouvelle dans son chaos et l'en faisant sortir derechef, on en compose un agent qui triomphe de toutes les impuretés métalliques et l'on peut le multiplier à l'infini, disent les sages.

VII

Les philosophes parlent souvent de leur chaos auquel ils donnent divers noms, suivant leur dessein qui est de cacher leurs grands mystères à ceux qui en sont indignes. On appelle ce chaos, dit Philalèthe, notre arsenic, notre air, notre lune, notre aimant, notre acier sous diverses considérations. Il dit aussi que c'est un esprit volatil et un corps admirable formé du sang du dragon igné et du suc de la saturnie végétable, et ce chaos est comme la mère des métaux et un principe fécond dont on peut tirer tout ce que les sages recherchent et même le soleil et la lune, leur élixir.

VIII

Le chaos est le composé des sages. Philalèthe l'appelle eau, air et feu et terre minérale, car il contient en soi tous les éléments qui en doivent sortir, tous à leur rang quoiqu'on en voit que deux, à savoir la terre et l'eau, dit le Cosmopolite. Tous enfin se doivent terminer en terre, dit Hermès. C'est cet admirable composé dont parle Arnaud de Villeneuve dans sa « Lettre au roi de

Naples » et qu'il appelle le feu et l'air des philosophes ou plutôt de la pierre qui est la matière prochaine ou cet air et ce feu et qui contient une humidité qui court dans le feu et qui est pierre et non pierre.

IX

Ce composé, selon Arthéphius, et dans la « Vérité », est corporel et spirituel, car il participe du corps et de l'esprit, c'est-à-dire de la portion la plus moelleuse du corps et de l'esprit ou de l'eau, dit cet auteur. Et Flamel après lui, appelle ce composé Cambar, Duenech, mais Artéphius ajoute que son propre nom est eau permanente à cause qu'elle ne fuit point dans le feu et ne s'évapore point des corps, qu'elle embrasse et demeure inséparable avec eux. Ces corps, dit-il, sont le soleil et la lune qui sont changés en une quintessence spirituelle.

X

Les philosophes parlent diversement de ce composé. Les uns disent qu'il est fait de deux choses, comme Basile Valentin, les autres veulent qu'il soit fait de trois, comme Philalèthe qui enseigne que c'est un assemblage de trois natures différentes, mais d'une même origine. D'autres écrivent que le chaos dont nous parlons est semblable à l'ancien chaos qui est composé de quatre éléments qui commencent, dit Flamel, à déposer l'inimitié de l'ancien chaos pour faire leur paix et leur réconciliation. C'est la pensée d'Arthéphius et tous ont dit la vérité sur cela.

XI

Le terme de chaos est fort équivoque, néanmoins il se peut prendre en divers sens, car il y a un chaos général, créé de Dieu et dont il a tiré toutes les créatures, c'est-à-dire les trois règnes de la nature, animal, végétal, minéral et chaque règne a son chaos particulier et naturel qui est le sperme de chaque chose. Ainsi nous avons un chaos minéral produit des mains de la nature qui contient les deux spermes, masculin et féminin, soufre et mercure, lesquels, unis dans un même sujet, sont la première matière sur laquelle l'artiste doit travailler.

XII

Les sages ont un autre chaos qu'ils tirent dès le commencement et qu'ils composent d'un sujet que la nature leur présente, disent tous les philosophes après Morien, ne pouvant rien par delà, dès le commencement du magistère, dit Basile Valentin. Ils ont appelé cette substance sensible, mercurielle, sulfureuse et saline, faite de l'union des trois principes, lesquels on a mis proportionnellement, en dissolvant et coagulant, selon les diverses opérations de la nature que l'art doit imiter et selon la disposition de la semence ordonnée de Dieu.

XIII

Paracelse s'accorde avec tous les philosophes sur ce sujet, qui est la matière de l'art et leur fameux chaos, lorsqu'il dit que la matière de la teinture physique est une certaine chose qui se compose de trois substances par le ministère de Vulcain ; et il ajoute à cela, fort à propos, que ce composé peut être transmué en aigle blanc par le secours de la nature, et par l'aide de l'art. Raimond Lulle parle de ce chaos lorsqu'il dit que l'herbe blanche rassemblait deux fumées et croissait au milieu des deux.

XIV

L'abbé Synésius, le Cosmopolite et Philalèthe s'accordent avec tous les autres au sujet de cette matière, lorsqu'ils la placent au milieu du métal et du mercure, car elle n'est en effet ni l'un ni l'autre et participe de tous les deux. C'est un chaos ou un composé fixe et volatil tout ensemble, c'est ce que les philosophes appellent hylé ou la première eau et la première humidité radicale qu'ils tirent et composent du premier hylé naturel et minéral que la nature avait composé des éléments.

XV

Un anonyme, suivant cette pensée qui est celle de tous les philosophes, dit fort à propos que cet admirable composé se fait par la destruction des corps, ce qu'Artéphius avait dit longtemps auparavant, et l'ouvrier, dans la doctrine de cet ancien philosophe, remarque que comme ce composé se fait par la destruction des corps, de même l'eau qui est l'âme, l'esprit, l'essence du composé ne se peut se faire que par la destruction du composé, dans lequel les âmes du corps sont liées, dit Artéphius.

XVI

Nous n'avons besoin, dit Artéphius, que de cette âme ou moyenne substance des corps dissous, qui est subtile et délicate et qui est le commencement, le milieu et la fin de l'œuvre, de laquelle notre or et sa femme sont produits. C'est un subtil et pénétrant esprit, une âme délicate, nette et pure, un sel et baume des astres dit Basile Valentin. C'est, dit le même, une substance métallique et minérale provenant du sel et du soufre et deux fois née du mercure. C'est le haut et le bas qui ne sont qu'une même chose, comme enseigne Hermès. C'est là tout dans toutes choses, dit Basile Valentin ; c'est enfin l'air de l'air, dit Aristée.

XVII

Le Cosmopolite, d'après Artéphius, appelle encore magnésie, notre chaos qui est composé disent les philosophes, de corps, d'âme et d'esprit. Son corps est une terre subtile, son âme est la teinture du soleil et de la lune et l'esprit est la vertu minérale des deux corps. Cet esprit mercuriel est le lieu de l'âme solaire et le corps solaire est ce qui donne la fixité qui avec la lune retient l'âme et l'esprit. De ces trois bien unis, c'est-à-dire du soleil, de la lune et du mercure se fait notre pierre ; mais auparavant, un composé doit être purifié dans notre eau.

XVIII

La purification de ce chaos est très nécessaire dit Artéphius. Elle doit se faire dans notre feu humide, par le moyen duquel on ouvre les portes de la justice et d'où l'on tire le mercure des philosophes de ses cavernes vitrioliques, comme parle Artéphius ; ou bien l'on en tire cette vapeur mercurielle très subtile et très spirituelle qui se revêt de la forme d'eau pour pénétrer les corps terrestres et les empêcher de combustion.

C'est le dissolvant de la nature qui réveille un feu interne assoupi, menstrue très acide, fort propre à dissoudre le corps d'où lui-même a été tiré avec la doctrine de tous les sages.

XIX

Tous les philosophes disent que leur mercure est enfermé et emprisonné dans le chaos du premier chaos minéral que la nature leur présente, et qu'il est tiré et mis en liberté par le secours de l'art qui vient aider la nature et qui commence où elle a fini. Elle-même lui donne la main et l'accompagne partout, à mesure que les esprits se tirent de l'esclavage du corps et se séparent des esprits les plus grossiers de la matière, qui demeurent au fond du vaisseau, comme dit Artéphius, et qui sont incapables de solution et tout à fait inutiles dit ce même philosophe.

XX

Ce mercure, ainsi dégagé des liens de sa première coagulation contient en soi une double nature, à savoir une ignée et fixe, et une humide et volatile. La première qui lui est intérieure, est le cœur fixe de toutes choses, permanent au feu et très pur fils du soleil, lui-même feu essentiel, feu de la nature, véritable véhicule de la lumière et le vrai soufre des philosophes. La seconde nature qui lui est intérieure, le plus pur et le plus subtil de tous les esprits, la quintessence de tous les éléments, la première matière de toutes choses métalliques est le véritable mercure des sages.

XXI

On peut distinguer quatre mercures différents, contenus dans notre chaos. Le premier peut être appelé mercure des corps, c'est le plus noble et le plus actif de tous, c'est la semence précieuse dont se fait la teinture des philosophes, et sans ce mercure que Dieu a créé, notre science et toute philosophie, selon le Cosmopolite, sont vaines. Le second est le bain et le mercure de la nature, le vase des philosophes, l'eau philosophique, le sperme des métaux dans lequel réside le point séminal. Le troisième est le mercure des philosophes qui se fait des deux précédents. C'est Diane et le sel des métaux. Le quatrième est le mercure commun non vulgaire, l'air d'Aristée, ce feu secret, moyenne substance de l'eau commune à toutes les minières.

XXII

Dans notre chaos tiré de la nature et composé des choses naturelles, ce philosophe remarque un point fixe duquel par dilatation se font toutes choses et puis par concentration toutes choses trouvent leur repos et une fixité permanente. C'est ce qui est arrivé dans le premier chaos du monde dont le verbe de Dieu a été la base et comme le point fixe et indivisible dont toutes les créatures sont sorties et où elles doivent retourner comme à leur centre. Il y a aussi un point fixe dans le chaos minéral créé par la nature et dans celui que l'art compose.

XXIII

C'est de ce point fixe d'où sont sortis tous les métaux, leur éclat, et une émanation ou écoulement visible de cette lumière qui demeure cachée sous l'écorce de leur corps terrestre qui fait ombre à la nature, dit le Cosmopolite. Mais il est invisible parce que c'est un pur esprit engagé dans l'obscure prison des métaux, et que dans un corps métallique congelé, les esprits ne paraissent point et n'opèrent point que le corps ne soit ouvert.

XXIV

Les semences de toutes choses étaient contenues dans l'ancien chaos que Dieu a créé mais elles étaient en confusion, en repos et sans mouvement et, quoique les contraires fussent ensemble, ils ne se faisaient point la guerre. Les semences métalliques qui sont dans notre chaos y sont confuses, à la vérité, mais elles sont en paix et attendent les ordres d'un artiste habile qui dise *Fiat Lux* et qui, séparant la lumière des ténèbres fasse paraître la profondeur cachée, et développant le point fixe séminal, réduise les semences métalliques de puissance en acte et rende l'invisible visible, dit Basile Valentin.

XXV

L'ancien chaos était toutes choses et n'était rien du tout en particulier. Le chaos métallique produit des mains de la nature contient en soi tous les métaux et n'est point métal. Il contient l'or, l'argent et le mercure. La nature a commencé ses opérations en lui. La fin a été d'en faire un métal mais elle en a été empêchée en son corps, comme parfois elle s'arrête en chemin lorsque tâchant de faire un métal parfait, elle en fait un imparfait ; aussi, souvent elle n'en fait point du tout et se contente de nous donner un chaos.

XXVI

Dans ce chaos métallique naturel, sont contenus le ciel et la terre des philosophes, mais ils n'y sont point distingués ni séparés ; le haut y est comme le bas, et le bas comme le haut afin que l'artiste fasse les miracles d'une seule chose, dit Hermès ; les éléments se trouvant tous ensemble et confus sans distinction, sans action et sans ordre. Tout y est dans un certain silence et dans certaines ténèbres qui règnent dans le limbe des sages et qui forment une véritable image de la mort, sans aucune marque de vie et de fécondité ; ce qui n'empêche pas que cette terre catholique soit animée et qu'elle ait une vie cachée dit Basile Valentin.

XXVII

Le chaos général de la nature était un corps humide, obscur et ténébreux. Le chaos minéral qui contient les semences métalliques est un corps opaque, terrestre et ténébreux, plein de feu duquel le philosophe, par une dure séparation et purification, tire les matériaux dont il compose un chaos artificiel duquel il tire toutes choses et même la lumière et les luminaires métalliques ; et d'iceux, dissous par leur propre menstrue, il fait un autre composé, séparant toujours la lumière des ténèbres par l'esprit dissous du ciel, dit Basile Valentin. Il accomplit la création philosophique du mercure et de la pierre des sages, dit Philalèthe.

XXVIII

Le chaos minéral étant ouvert, le philosophe ayant séparé les éléments, les ayant purifiés et réunis ensuite en forme d'une eau visqueuse qui est le chaos ou composé philosophique, il a le bonheur de voir naître le soleil sortant du sein de Thétis, de le toucher, de le laver, le nourrir, le mener à un âge de maturité. Le sage voit les ténèbres avant la lumière, il en voit après la lumière, il en découvre encore qui sont avec la lumière. Il marie dans cette opération, dit Philalèthe, le ciel et la terre et unit les eaux supérieures aux inférieures.

XXIX

De ce chaos, qui est notre première matière, le sage sait bien tirer un esprit visible qui soit néanmoins incompréhensible, dit Basile Valentin. Cet esprit est la racine de vie de nos corps, et le mercure des philosophes duquel on prépare industrieusement la liqueur par notre art, qu'on doit rendre derechef matérielle, la conduire par certains moyens d'un degré très bas à un degré de souveraine et parfaite médecine. Car, dit cet auteur, d'un corps bien lié et solide au commencement, on en fait un esprit fuyant et de cet esprit fuyant, à la fin une médecine fixe.

XXX

Le corps dont nous parlons et dont on tire cet esprit que Basile Valentin appelle une eau d'or sans corrosion, est si informe qu'il ressemble à un véritable chaos, un avorton et un ouvrage du hasard. En lui est entée et gravée l'essence de l'esprit dont il s'agit, quoique les traits en soient méprisables, ce qui fait que cette matière catholique est méprisée et payée à vil prix par ceux qui n'en connaissent pas la valeur. Mais si les ignorants la regardent avec mépris, les sages et les savants l'estiment uniquement et la considèrent comme le berceau et le tombeau de leur roi, dit Philalèthe.

XXXI

L'esprit ou mercure des philosophes qui se tire du corps dont il s'agit, se trouve dans le mercure vulgaire et dans tous les autres métaux.

Mais, c'est un égarement de l'y chercher puisqu'il est plus proche et plus facile dans notre sujet où le mercure et le soufre se trouvent avec le feu et leur poids, et dans lesquels deux serpents ne s'embrassent que faiblement. Mais on ne peut rien faire sans un agent capable de dissoudre et vivifier le corps, manifester la profondeur cachée, débrouiller le premier chaos, faire sortir la lumière.

XXXII

Cette lumière sort du chaos avec le feu dont elle est revêtue. Ce feu extrêmement subtil, s'attache à l'air dont il se nourrit. Cet air embrasse l'eau, l'eau s'unit à la terre et tout cela donne un nouveau composé, lequel étant corrompu de nouveau dans la seconde opération, l'eau sort de la terre, l'air de l'eau et le feu ou le soufre des philosophes sort de l'air. Et ce feu, qui paraît en forme de terre, étant purifié sept fois devient un être qui a plus de force que la nature même n'en a. Cet esprit est l'air de l'air d'Aristée, c'est l'eau, le feu et la terre du chaos des vrais philosophes.

XXXIII

Ces quatre natures élémentaires ne sont qu'une même chose tirée du premier composé où elles étaient dans la confusion. Elles ne sont après cette extraction, qu'un être tiré des rayons subtils du soleil et de la lune, et c'est là le second composé dont la fécondité dépend des deux principes actifs, à savoir le chaud et l'humide. Ce composé est appelé air parce qu'il est tout volatil et c'est le vrai mercure des sages. C'est un feu dévorant et le plus actif de tous les agents. C'est un air épaissi, dont non seulement tous les métaux mais tous les mercures des métaux sont engendrés.

XXXIV

Cet être unique composé de quatre substances, de trois ou de deux dont la troisième est cachée, dit Basile Valentin, est le vrai sceau d'Hermès du Cosmopolite, les colombes de Diane de Philalèthe. C'est l'air qu'il faut pêcher, selon Aristée, qu'il faut ensuite cuire, dit le Cosmopolite. C'est une seule essence qui accomplit d'elle-même le grand œuvre par l'aide du feu gradué qui en est la nourriture et un composé qui tient le milieu entre le métal et le mercure, dit Philalèthe. C'est l'enfant philosophique, né de l'accouplement du mâle et de la femelle vive, qui doit être nouri d'un lait propre.

XXXV

Cet enfant des philosophes est au commencement plein de flegme dont il doit être purifié, comme dit Flamel, après la tombe. Il doit être ramené sept diverses fois à sa mère qui est la lune blanche, dit Hermès. Il doit être lavé, nourri et allaité du lait de ses mamelles et recevoir son accroissement et sa force par les imbibitions, dit Flamel, et perfectionné par les aigles volantes de Philalèthe. Ces aigles, comme il dit lui-même, se font par la sublimation et par l'addition du véritable soufre qui aiguise cet enfant d'un degré de vertu à chaque sublimation.

XXXVI

Cette sublimation philosophique renferme toutes les opérations des sages et cette sublimation, dans le sentiment de Geber, d'Artéphius, de Flamel et de Philalèthe, n'est autre chose que l'exaltation ou la dignification d'une substance, ce qui se fait lorsque d'un état vif et abject, elle est élevée à l'état d'une plus haute perfection. Ce qui n'empêche pas qu'on ne reconnaisse en notre mercure, un mouvement d'ascension dans le premier ouvrage, qui est la préparation du mercure, en quoi gît toute la difficulté ; le reste étant un jeu d'enfant et œuvre de femme.

XXXVII

La sublimation est, selon Geber, l'élévation d'une chose sèche avec adhérence au vaisseau, par le moyen du feu. Peu de gens ont compris cette définition, parce qu'il faut connaître la chose sèche, le vaisseau et le feu. L'auteur du commentaire des vers italiens du franciscain Marc Antonio Chinoi, paraît embarrassé sur ce sujet. Voici quel est le vrai sentiment de tout vrai philosophe : la chose sèche est notre aimant, qui attire naturellement son vaisseau qui est l'humide. Car le sec attire l'humide et l'humide tempère le sec et s'unit à lui par le moyen du feu qui participe de la nature de l'un et de l'autre.

XXXVIII

Le vase et la chose sèche s'embrassent avec adhérence, parce que nature embrasse nature, comme il est dit dans la « Tourbe » et chez Artéphius et parce que le vaisseau tient lieu de femelle et la chose sèche lieu de mâle. L'un est le soleil et l'autre est la lune. L'un est l'or vif des sages et l'argent-vif des sages qui sont unis par le feu qui leur est propre, qui est de leur nature et qui est tiré d'ailleurs que de notre matière. Ce feu, ce vase et cette chose sèche sont trois et ne sont qu'un. Ils sont tous trois mercure, soufre et sel et sont tous trois dans un même sujet métallique.

XXXIX

Ce sel, ce soufre, ce mercure qui sont le corps, l'âme et l'esprit, sortent tous les trois du chaos où ils étaient en confusion ou plutôt de la mer des philosophes. C'est là le trident de Neptune, qui ne sortirait pourtant point de ses profondes abysses, si Eole ne faisait, par ses vents, exciter des tempêtes sur la mer. C'est par le moyen de ces vents mercuriels, sulfureux et salins qu'on émeut la mer des philosophes jusque dans le centre, et qu'enfin, après que les parties sont d'accord, on marie Eole à la belle Cyané.

XL

Neptune n'est pas plutôt sorti du centre de la mer, qu'il apaise tous les vents et fait un calme général avec son trident, et puis rentre dans ces abymes humides. C'est ce que Flamel a voulu dire dans sa sixième figure, où il dit que notre pierre est si triomphante en siccité que d'abord, dès que le mercure la touche, nature s'éjouissant de sa nature se joint à elle et attire son humide pour le joindre à soi par l'apposition du lait virginal dont il parle dans la quatrième figure.

XLI

Ce trident neptunien, ne saurait jamais sortir de la mer philosophique, si un trident venteux et vaporeux n'avait pénétré la mer pour tirer ce roi à triple couronne, nageant dans les eaux ; c'est dans cette occasion que le philosophe aiguise et excite le passif par l'actif ; que par les principes vivants, il ressuscite les morts, comme le dit Philalèthe et qu'un principe donne la main à l'autre, comme le dit le Cosmopolite ; après quoi, les principes mariés et élevés sont nourris de leur chair et sang propre, dit le Cosmopolite et Basile Valentin.

XLII

Le sec, embrassant le vaisseau qui le contient, étant monté au ciel par la sublimation philosophique et le sel terrestre étant devenu céleste, descend en terre pour aller sucer le lait de sa mère qui est la terre qui prend soin de nourrir l'enfant philosophique, lequel ayant pris sa nourriture et engraissé de ce lait succulent, remonte au ciel et par un moyen montant à diverses reprises et descendant de même, il prend la vertu des choses supérieures et inférieures.

XLIII

C'est ici le ciel terrestre de Lavinius qui se perfectionne par ses ascensions et descensions. C'est le mariage du ciel et de la terre sur le lit d'amitié, selon Philalèthe. C'est là ce palais royal qu'on bâtit et qu'on enrichit par le flux et le reflux de la mer de verre, pour y loger le roi comme parle Basile Valentin, et sont les imbibitions de Flamel et le sceau de l'enfant dans le ventre de sa mère et de la mère dans le ventre de l'enfant, selon Démoragoras, Senior et Haly. La mère nourrit son enfant et l'enfant nourrit sa mère. Ainsi, ils s'aident l'un l'autre, s'augmentent et se multiplient comme dit Parmenides.

XLIV

Cette mère est la lune. L'enfant est le mercure des sages que l'on appelle crachat de la lune en « La Tourbe ». C'est cette lune qu'il faut faire descendre du ciel en terre comme dit Paracelse.

Cette lune étant pleine ressemble au soleil et porte le soleil dans son sein. Ce mercure se charge de porter la teinture de son père et de sa mère et lors, ayant perdu toutes ses plumes, il tombe dans la mer et puis les eaux se retirent, dit Basile Valentin. Il se change en terre où sa force est entière, dit Hermès, ce qui comprend trois tours de roue, dit Riplée et les tours de mains de Basile Valentin dans le premier et le deuxième ouvrage de tout le magistère.

XLV

Ce mercure philosophique n'est autre chose que les dents du serpent que le vaillant Thésée, dit Flamel sèmera dans la même terre d'où naîtront des soldats qui se détruisent enfin eux-mêmes, détruisant par opposition, résolus en la même terre et laisseront emporter les conquêtes méritées. Cette apposition renferme toutes les opérations que les philosophes recouvraient de tant de voiles, et l'on voit dans cette occasion la vérité de ce qu'enseigne Flamel, que notre pierre se dissout, se congèle, se pourrit, se blanchit, se tue et se vivifie soi-même. C'est le sang du lion et la glue de l'aigle de Paracelse.

XLVI

Ce sang du lion se trouve avec la glue de l'aigle profondément cachés dans notre sujet qui est l'élu de Colchos. Ils y sont naturellement comme dans leur propre sel qui leur sert de matrice et de minière, comme dit le Cosmopolite. Ils sont la véritable Toison d'Or gardée par des taureaux jetant feu et flammes par les narines, sur lesquels la belle Médée doit verser sa précieuse liqueur qui les abreuve et les endort, et par cette précieuse liqueur, les taureaux sont assoupis, la Toison est enlevée par Jason ou plutôt par ce menstrue philosophique, le corps est dissous et l'âme délivrée des liens du corps et elle est changée en quinte essence.

XLVII

Cette Toison est la semence métallique que Dieu a créée et que l'homme ne doit pas présumer de faire, mais qu'il doit tirer du sujet où elle est. Basile Valentin la décrit en ses termes : premièrement dit-il, l'influence céleste, par la volonté et le commandement de Dieu, descend d'en haut et se mêle avec les vertus et propriétés des astres. De celles-ci, mêlées ensemble, il se forme comme un tiers entre terrestre et céleste. Ainsi se fait le principe de notre semence, de ces trois se fait l'air, l'eau, la terre lesquels par le moyen du feu bien appliqué engendrent une essence de moyenne nature, un esprit incompréhensible et un corps visible.

XLVIII

Cette semence métallique est le grain qui nous est nécessaire et qu'il faut chercher dans un sujet où la nature l'a pris fort près de nous. Ce sujet, dans le sentiment de tous les philosophes, est notre airain, notre or, notre pierre dont parlent Sendivogius, Philalèthe, Pythagore. Et nous obtiendrons cette précieuse semence, dit Basile Valentin, si nous rectifions tellement le mercure, le soufre et le sel que l'esprit et le corps soient unis inséparablement. Tout cela n'est autre chose que la clef de la vraie philosophie et l'eau sèche conjointe avec une substance terrestre, faite de trois, de deux et d'un.

XLIX

Cette semence ou ce grain ne se tire d'aucun autre sujet que de celui que nous venons de nommer notre or, sans hyperbole et de ce même sujet, on ne peut le tuer que par dissolution et cette dissolution se fait de soi-même ou par le sujet qui lui est semblable ou plus proche. La nature l'a aussi pourvu d'un aide qui est de sa chair et de son sang. Ainsi que nous l'enseignons, le sperme masculin mis dans sa matrice y trouve un dissolvant de sa nature à la façon d'un aimant qui attire la semence du sperme qui est de sa nature et de son essence.

L

La dissolution qui nous est nécessaire pour avoir ce bon grain ou semence est très difficile à faire, car elle ne peut se faire que par le moyen d'une liqueur précieuse qui est une eau d'or et un menstrue philosophique qui est de la nature du grain qu'on veut tirer de notre sujet par ce dissolvant ; et de la nature même du dissolvant qu'on demande et qu'on veut acquérir pour tirer ce grain pur ; où l'on peut voir comment notre art peut suivre et imiter la nature.

LI

On peut remarquer que dans notre ouvrage, il n'y rentre rien d'étranger, car ce grain ou semence métallique, est de la nature du dissolvant qu'un anonyme appelle essenciel et ce dissolvant essenciel est de la nature de cet aimant métallique qu'un anonyme appelle menstrue minéral, uni au végétable et tiré par lui comme Ganymède par Jupiter. Et ces deux unis, qu'il appelle essenciel, servent pour dissoudre radicalement un corps qui est l'or, sans ambiguïté et celui-ci dissous, il apparaît qu'on tire un esprit pur par un esprit crud.

LII

Ce sujet où nous cherchons la semence est un or philosophique et non pas l'or vulgaire et cela pour deux raisons. La première est que l'or vulgaire n'a point besoin d'ordure qu'il soit besoin d'ôter pour trouver ce grain ou cette semence métallique puisqu'il est tout pur et sans aucun mélange d'impuretés. La seconde raison est que l'or vulgaire est tout semence, et si on se servait de lui, il n'y aurait qu'à le réincruder, volatiliser et spiritualiser, de manière qu'il put pénétrer les corps et se joindre à eux par ses moindres parties. Si l'or avait cela, il serait la pierre.

LIII

Ceux qui ont dit qu'il fallait chercher la semence métallique ou le grain fixe dans l'or vulgaire ne sont pourtant pas éloignés de la vérité, pourvu qu'on les entende avec un grain de sel puisqu'il y est effectivement et qu'on peut l'y trouver par le moyen d'une eau philosophique dans laquelle il se fond, comme la glace dans l'eau chaude et dans laquelle il perd sa forme naturelle pour en prendre une nouvelle plus noble et plus excellente. C'est alors que le trésor caché est découvert, c'est le centre révélé.

LIV

La semence métallique que nous cherchons dans l'or des sages est un esprit subtil et pénétrant ; c'est une âme pure, nette et délicate, réduite en eau et en un sel, et ce baume des astres, lesquels étant unis ne font qu'une eau mercurielle. Or, cette eau doit être amenée au dieu Mercure qui est son père, pour être examinée. Alors le père épouse sa fille, et par ce mariage, ils ne sont plus deux mais une seule chose, qu'on appelle huile vitale ou incombustible et à la fin Mercure jette ses ailes d'aigle et déclare la guerre au dieu Mars.

LV

Le mercure, qui est le père de l'eau qu'on lui amène pour être son épouse, l'embrasse dans cette qualité pour la raison que cette eau est encore un mercure et de cette manière, il paraît qu'on amène mercure à mercure avec cette différence que le mercure qui est amené comme épouse est le mercure des sages qui est la mère du tout, le Thélème. Et celui à qui on l'amène est le mercure des corps, père du tout, le Thélème, père, enfant, frère, épouse, du mercure des sages. Ainsi, les natures se poursuivent et les parents se marient ensemble.

LVI

Dans ce mariage philosophique, on conjoint mercure à mercure et on amène ainsi le feu au feu, aussi bien que mercure à mercure. On marie le feu au feu, car le mercure des sages porte ce feu ou le soufre dans son sein. Et le mercure des corps est encore tout plein de ce feu sulfureux qui brûle dans l'eau ; et dans cette rencontre, une nature apprend à l'autre à ne point craindre le feu et à se familiariser avec lui. Ainsi l'eau qui craignait le feu, apprend à rester avec lui et le mercure qui le fuyait devient son ami.

LVII

L'eau dont nous parlons ici est l'azot qui sert à laver le laiton et le laiton que nous devons laver est notre sujet ou notre airain ou or rouge, qu'il faut blanchir en rompant les livres. Cette eau céleste est tirée des montagnes du mercure et de Vénus, par adhérence du sec à l'humide par le moyen de la chaleur, et la chaleur unie à l'humide fait couler un ruisseau d'eau chaude sèche et humide. Cette eau est la grande ouvrière en notre art ; elle dissout les corps durs, subtilise l'épais et purifie les impurs comme la terre.

LVIII

J'ai dit laton ou laiton car les philosophes ont leur laton aussi bien que leur laiton. L'un dit qu'il faut blanchir le laton qui est immonde, l'autre dit qu'il faut laver la terre qui est obscure et ceux qui ont confondu ces deux choses contenues dans ce rébis, n'ont pas moins erré que ceux qui ont cru que c'étaient deux choses d'une nature différente. Car, quoiqu'elles se trouvent dans le sujet qui est le chaos de l'art et qu'ils y soient comme mâle et femelle et que de leur semence doive sortir le fils du soleil et de la lune par leur union parfaite, ils ne sont qu'un en essence.

LIX

Ce rébis ou chaos du lait ou ciel terrifié, ne peut servir de rien sans le secours du feu et de l'azot. Mais ces deux-là qui composent la liqueur de notre art, et qui font l'huile vitale, lui suffisent tant pour le laver et le purifier que pour le rendre fécond par la séparation des deux sexes et par leur réunion entière, car il en sort un fort bel enfant, après avoir ôté les ordures ; et cet enfant doit être nourri du sang de son père et du lait de sa mère et pour lors, ce sang et ce lait mêlés ensemble, prendront la couleur d'une quintessence dorée.

LX

Nous avons dans ce laton, dit un philosophe, deux natures mariées ensemble dont l'une a conçu l'autre et par cette conception, elle s'est convertie en corps de mâle et l'autre en corps de femelle, de sorte que l'on ne saurait distinguer l'une de l'autre par leurs vêtements extérieurs quoiqu'on doive les séparer pour les reconnaître et les réunir pour n'être plus qu'un inséparable, après les avoir dépouillés de tous leurs vêtements et les avoir réduits à la nudité naturelle. C'était auparavant deux corps en un ou l'androgyne des sages et après c'est Diane toute nue.

LXI

Lorsque Diane est toute nue, Apollon de même, on les distingue facilement et rien n'empêche leur légitime conjonction pour la procréation du soleil qui est leur enfant. Mais, pour réveiller leur fécondité et les rendre propres à la génération, il a fallu les animer en les purifiant avec l'huile vitale qui est l'eau de la pierre, dit un philosophe. Il a fallu diviser le corps coagulé en deux parties pour en tirer cette huile vitale, ou ce lait destiné à la nourriture de l'enfant nouveau-né qui contient en soi les deux sexes et les assemble en unité de nature et d'essence.

LXII

Notre laton est rouge dans son commencement. Mais il nous est inutile si la rougeur ne se change pas pour faire place à la blancheur.

Si on l'a une fois, il blanchit et il devient de très grand prix, enseigne d'Astin. Mais comme dit ce philosophe avec tous les autres, la première couleur qui paraît dans notre sujet est la noirceur, après laquelle vient la blancheur et ensuite se fait voir la rougeur claire et brillante et pour lors, dit la savante Marie, son obscurité s'étant retirée, ce laton se change en pur or et ce qui lui procure cette blancheur, et cette splendeur, est notre azot.

LXIII

L'azot qui a été formé du limon resté après la retraite des eaux du déluge, comme le serpent Python, est vaincu par les flèches d'Apollon qui sont les rayons de notre soleil ou par la force de notre airain qui enfin devient le maître et se faisant justice, rend le sec de première couleur orangée rouge. Il ôte même la robe blanche à l'azot qui en devient si changé qu'il prend la couleur et la nature de notre airain et tout se fait rouge, dit le docte Parménidès ; et c'est le signe que le Seigneur a fait son temps et qu'après le temps se fait l'éternité fixe et incorruptible.

LXIV

Apprenons ici de Morien qu'il faut bien laver ce corps immonde qui est le laton qui doit être desséché et blanchi parfaitement et l'on doit lui infuser une âme et lui ôter toute son ordure afin qu'après la mondification, la teinture blanche entre en lui. Car un corps étant bien purifié, l'âme entre d'abord dans ce corps ; et il ne s'unit jamais à un corps étranger ni même au sien propre s'il n'est pur et net, car les superfluités qui se trouvent dans nos corps, quoiqu'elles ne soient pas en grande quantité, empêchent leur union parfaite.

LXV

On ne lave le laton que pour le rendre propre d'embrasser sa latona et s'unir avec elle d'une union indissoluble. Mais comme l'un porte le feu et l'autre contient l'eau, on doit bien purifier l'un et l'autre de leurs immondices naturelles. Il est vrai qu'ils se trouvent tous dans notre androgyne, mais comme c'est un chaos où les éléments sont plutôt confondus qu'ils ne sont unis, on ne saurait les unir fortement sans les purifier, ni les purifier sans les séparer, ni les séparer sans détruire le composé. Il faut les diviser en partie et séparer ainsi les éléments.

LXVI

Comme notre pierre doit naître de ce chaos ou masse confuse dans laquelle tous les éléments sont confus, il est nécessaire de séparer la terre du feu et le subtil de l'épais, comme dit notre père Hermès, le subtil monte en haut avec l'air et l'épais demeure au fond avec le sel. Mais la terre contient le feu avec le sel de gloire et l'air se trouve avec l'eau. On ne voit pourtant que la terre et l'eau. Ôtez donc le phlegme de l'eau et la pesanteur de la terre, et les éléments seront purs et bien unis.

LXVII

Cette union ou conjonction des éléments purifiés est la seconde opération de la pierre qui se trouve après la mondification, et la pierre se trouve parfaite si l'âme est fixée dans le corps. Mais comme ce n'est que le terme du premier ouvrage, la matière est bien parfaite et sera l'or vif et le soufre incombustible. Mais il n'est pas tingeant et l'on doit tourner la roue pour la seconde et troisième fois, avec le même soufre qui sert de ferment, mais le premier ouvrage fini, commence le second où la sublimation philosophique est nécessaire afin que le fixe soit fait volatil et le corps esprit.

LXVIII

Dans le premier ouvrage qui comprend plusieurs opérations, on ne travaille qu'à volatiliser le fixe et à fixer le volatil, ressusciter le mort et tuer le vif, et son terme est lorsque le tout est réduit comme en poudre fixe qui est l'or pur, meilleur que celui des minières. Sans lui, on ne saurait avoir la pierre quoiqu'il ne soit pas la pierre. La pierre est pourtant en lui comme dans son berceau. Il n'est pas l'or vulgaire, car il est plus pur et n'est qu'un pur feu en mercure. On peut néanmoins le fondre et le débiter pour or vulgaire, car il est or à toute épreuve.

LXIX

Dans le second ouvrage qui est la multiplication de cet or, l'or est augmenté en quantité par l'addition de nouvelle matière et l'or sert de levain à sa propre multiplication par une simple digestion de ce levain avec la farine et l'eau métallique. On fait de l'or et le levain sert toujours de minière. Les philosophes procèdent encore autrement. Ils élèvent leur or ou levain en degrés et l'augmentent si bien en qualité qu'il surpasse l'or et devient teignant et fondant. C'est ce qu'on appelle pierre qui se multiplie à l'infini.

LXX

L'eau métallique, qui revivifie l'or fixé à la fin du premier ouvrage, est cette huile vitale dont parle un anonyme et qui est unie à l'essenciel, au minéral et eau végétable pour être comme elle est, le dissolvant radical de l'or. C'est cette huile dont les philosophes font bonne provision afin qu'elle ne leur manque pas au besoin, comme elle fit aux vierges folles. Cette huile est l'eau de la pierre tirée d'elle en la première opération dit le sage jardinier. Sans cette eau, rien ne se fait dans le second ouvrage et le premier ne se fait pas sans elle. Cette eau est un feu car elle le porte et sur elle est porté l'esprit du Seigneur.

LXXI

En cette eau consiste le plus grand secret des sages. Nous avons dit que c'était l'eau de la pierre quoiqu'il soit vrai qu'elle n'est pas dans un sens l'eau de la pierre. C'est une eau mercurielle, mais ce n'est pas le mercure des philosophes. C'est plutôt le mercure du mercure de la nature, le bain-marie des sages, le feu humide et secret d'Artéphius, le vase des philosophes auquel la chose sèche adhère dans la sublimation. C'est le sperme des métaux, l'humide radical, l'eau philosophique d'Hermès qui suffit avec une seule chose. Cette eau lave le laton et dissout l'or parfaitement.

LXXII

La chose unique qui suffit à notre eau hermétique est la terre vierge qui contient les quatre éléments. C'est notre première matière, à savoir un corps solide et le commencement de l'œuvre, comme dit Basile Valentin. C'est cette chose si cachée et si précieuse dont se fait uniquement tout notre ouvrage et laquelle se perfectionne en elle-même n'ayant besoin que de la digestion, sans addition d'aucune chose étrangère. Cette chose est notre pierre qui n'a besoin que du secours de l'artiste. C'est cet airain que Dieu a créé, qu'on peut aider, en détruisant son corps crud et tirant le bon noyau.

LXXIII

Si la dissolution de notre corps qui est l'airain susdit est nécessaire, la congélation de l'eau mercurielle resserrée dans les liens de la pierre saturnienne ne l'est pas moins et pour toutes les différentes opérations, la putréfaction est absolument nécessaire. Cette putréfaction se fait par le moyen d'une petite chaleur afin que la pierre se putréfie en soi-même et se résolve en sa première humidité, que son esprit invisible et tingeant où l'esprit de l'or est enclos dans le profond d'un sel congelé, soit mis au dehors et que son corps grossier étant subtilisé soit ainsi uni indivisiblement avec son esprit.

LXXIV

Il n'y a aucune autre eau sous le ciel qui soit capable de dissoudre notre airain, exceptée une eau très pure et très claire, laquelle dissout sans corrosion. Cette eau s'échauffe elle-même à la rencontre du feu qui lui est homogène. C'est l'eau dissolutive et permanente et la fontaine du rocher, dont les philosophes ont parlé diversement. Il ne faut pas s'étonner si cettte eau dissout l'airain, parce qu'elle est de sa nature. Car l'airain est l'or sans ambiguité et cette eau est une eau d'or laquelle transmue le corps en soi. En sorte que tout devient eau, et puis transmuée en corps, est corps.

LXXV

Il sort une eau de notre airain qu'Aristée appelle eau permanente. C'est elle qui gouverne le corps et qui pourtant est gouvernée par lui. Car elle le rompt, elle le brise et le corps la tue et la fait mourir. Elle le réduit en eau et lui la réduit en terre, mais il faut qu'ils soient mêlés ensemble par le feu d'amitié. Il faut continuer ce procédé jusqu'à ce que tout soit fait rouge. C'est ici l'airain brûlé et la fleur ou levain de l'or et par un prodige étonnant, cet airain est brûlé par l'eau et lavé par le feu, et on voit en tout cela, l'accord des éléments et l'accord de tous les philosophes.

LXXVI

Les philosophes ont appelé l'eau dont nous venons de parler, un serpent qui mord sa queue. Mais les envieux, dit Parménidès, ont parlé de plusieurs sortes de manières d'eau, des bouillons et des pierres et des métaux, et qui entend cette doctrine entend ce qu'il y a de plus fin dans notre art et de plus difficile dans notre ouvrage et dans nos matières. Mais laissez tout cela et prenez l'eau vive puis la congeler dans son corps et son soufre qui ne brûle point et tout sera blanc.

LXXVII

Tout sera blanc dit Parménidès et vous ferez notre nature blanche. Sachez, dit Arisleus, que tout le secret est l'art de blanchir. Or ce blanchissement est un pas fort difficile, dit Flamel. Il ne peut se faire sans eau, dit Artéphius. Car c'est elle qui lave le laton, c'est cette eau qui fut montrée à Sietus et que ce philosophe assure être pur vinaigre très aigre, qui a le pouvoir de donner la couleur blanche et rouge au corps noir et le revêt de toutes les couleurs qu'on peut imaginer, qui convertit le corps en esprit. C'est le vinaigre des montagnes qui défend le corps de combustion, car sur le feu, il se brûle sans ce vinaigre.

LXXVIII

Ce vinaigre très aigre est notre eau première et le vinaigre des montagnes, du soleil et de la lune ou plutôt de Mercure et de Vénus. C'est une eau permanente, car elle demeure constamment unie à notre corps ou à nos corps du soleil et de la lune lorsqu'elle les a dissous radicalement. Notre corps reçoit de cette eau une teinture de blancheur si spéciale et si éclatante qu'elle jette ceux qui la contemplent en admiration. Cette eau si blanche tient du mercure et du soufre. Elle est soleil et lune en dedans, comme le corps est en dehors. Elle blanchit notre airain et dissout le corps amiablement.

LXXIX

L'eau qui dissout notre corps si amiablement est une eau qu'on peut appeler la première quoiqu'il y en ait de plusieurs sortes qui l'aient précédée mais elles sont hétérogènes et ne sont point comptées dans notre ouvrage. Elles ne sont pas du nombre de nos menstrues homogènes comme est notre eau blanche première, dissolutive, qui est métallique, mercurielle, saturnienne, antimoniale, ainsi qu'en parle Artéphius. Cette eau blanchit l'or, c'est-à-dire notre laiton et le réduit en sa première matière qui est le soufre et le mercure, qui brillent comme un miroir.

LXXX

Ce soufre et ce mercure qui restent après la dissolution du corps crud et qui brillent comme une glace de cristal bien poli, sont tirés de ce corps crud par le moyen d'une eau ou fumée blanche, intérieurement mais qui est dans le commencement couverte de ténèbres, de l'abîme ; et ces ténèbres sont chassées par l'esprit du Seigneur qui se meut sur les eaux qui ont été créées avant l'arrangement des parties du chaos, lorsque le ciel et la terre furent faits. Cette eau première, dissolutive du corps, est une eau claire et sèche, c'est un mercure de la nature qui en dissolvant tire le mercure du corps.

LXXXI

Ce mercure tiré du corps crud est grossier. Mêlé avec ce mercure ou eau dissolvante, il compose et fait le double mercure du Trévisan, l'or composé de Philalèthc ou le rébis des philosophes ou le poulet d'Hermogène ou le mercure des corps qui se dispose par degré à devenir le mercure des philosophes par le moyen du feu ou du mercure commun à toutes les minières.

Or, ce mercure double blanc, d'une blancheur étincelante tiré par l'eau première, devient rouge s'il est simplement avec l'eau seconde qui est fort blanche au dehors et rouge au dedans.

LXXXII

Cette eau seconde était ci-devant dans la première mais elle n'était pas imprégnée d'un feu céleste comme elle l'est dans la suite. Ainsi ces deux eaux ne diffèrent qu'autant que la première dissout le corps crud, lave le laton et volatilise une masse pesante de sa nature, et que mêlée à la première eau ou feu humide, devient volatile. Et l'eau première, mêlée avec une eau sèche se réduit en fumée, en eau limpide et en chaux vive, laquelle chaux vive est pleine d'un feu et d'un soufre philosophique et ainsi c'est cette eau seconde tirée de la première par le moyen du feu.

LXXXIII

Ce feu fait que dans la sublimation philosophique, le sec monte et se perfectionne par son adhérence au vase. Cette adhérence rend le sec inséparable de l'humide et le feu inséparable de l'eau. Ainsi, se forme notre eau seconde des vertus supérieures et inférieures et c'est cette eau qui est le mercure des sages, le mercure animé que l'artiste peut élever en degrés et le pousser jusqu'à la plus haute perfection, et pour cet effet on n'a qu'à le nourrir des mamelles de la terre, qui est sa mère et faire téter souvent au fils d'Hermogène, le ramenant à sa mère.

LXXXIV

On ramène aussi la mère à l'enfant lorsque le corps, composé du soleil et de la lune, du père et de la mère, du coq et de la poule, du soufre et du mercure par notre eau première, est amené au mercure des philosophes qui est l'œuf de ce coq et de cette poule, le fils du soleil et de cette lune et le mercure de ce soufre et de ce mercure. Car dans leur intime communication, le père et la mère sont élevés et sublimés en gloire, par la vertu de leur enfant, le laton est blanchi, fixé et rendu fusible. En sorte que l'enfant engendre son père et sa mère et il est plus vieux qu'eux.

LXXXV

Le mercure des philosophes a engendré son père et sa mère et lui, est engendré et tiré des choses où il est par le moyen d'un autre mercure élevé en degrés et d'une eau qui est pur vinaigre, lequel communique sa qualité acéteuse à son enfant et son enfant rentrant dans le ventre de sa mère lui déchire les entrailles, comme un vipéreau et enfin, après avoir sucé de son lait virginal, il l'adoucit comme nous voyons que le vinaigre commun distillé dissout l'acier et le plomb et par ce mélange du vinaigre il devient si doux qu'on l'appelle lait virginal.

LXXXVI

Tout le secret de ce vinaigre, qu'Artéphius appelle antimonial et que l'on peut appeler saturnien en raison de son origine, ou mercure à cause de son esprit congelé, plus précieux que tout l'or du monde, dit le Cosmopolite, consiste à savoir tirer par son moyen l'argent-vif doux et incomburant du corps de la magnésie, c'est-à-dire par cette eau première, une eau seconde, eau vive et incombustible et savoir la congeler ensuite avec le corps parfait du soleil qui se dissout dans cette eau, se couche à la façon d'une substance blanche et épaisse et congelée comme de la crème du lait.

LXXXVII

Ce mercure philosophique ou eau seconde blanche et congelée comme la crème du lait est tiré par le moyen d'une eau première ou vinaigre âcre et par le moyen d'une eau douce ou vinaigre doux. La première est mâle et tient du feu qui domine l'eau, le second est femelle et passif et tient de l'eau oppressée du feu étranger. Ce mâle est actif, cette femelle est passive, ils se joignent et s'embrassent tous deux pour produire l'eau seconde qui dissout l'or composé qui a été produit par l'union des deux, c'est-à-dire par notre double eau première au sens d'Artéphius.

LXXXVIII

Ce corps qui a été produit ou composé par notre eau première doit être résous ou dissous dans l'eau seconde, composée de ces deux aussi bien que le corps susdit, qui ne s'y résoudrait point s'il n'était de la nature du dissolvant. Mais si au lieu du composé, on ne met dans notre eau dissolutive seconde que le corps de l'or simple, elle le réduit bien en état d'améliorer les métaux, en quelque manière, comme dit Sendivogius après l'auteur du « duel chimique ». Mais si on joint le mâle et la femelle et que notre eau soit le dieu aidant, on trouve tout le secret des sages.

LXXXIX

Tout le secret des sages consiste en cet ouvrage qu'Artéphius appelle blanchir le laton ou l'or des philosophes et le réduire en sa première matière, c'est-à-dire en soufre blanc et incombustible et en argent-vif fixe. C'est ainsi que l'humide se termine, c'est-à-dire, notre corps qui est l'or, se change dans cette eau première dissolvante ou soufre et argent-vif fixe, de sorte que cet or qui est un corps parfait, se change en réitérant cette liquéfaction et se réduit en soufre et argent-vif fixe, reçoit la vie et se multiplie en son espèce, comme il arrive dans les autres choses.

XC

Cet or se multiplie donc par le moyen de notre eau, car le corps, qui est composé de deux corps qui sont le soleil et la lune ou Apollon et Diane, s'enfle dans cette eau, grossit, s'élève, croît et reçoit de cette eau première sa teinture d'une blancheur surprenante, et celui qui connaît notre eau hermétique, et la source d'où elle sort, connaît la fontaine du Trévisan et la pierre d'où Moïse tira l'eau qui suivait le peuple. Il sait changer le corps en argent médicinal qui peut perfectionner les autres métaux imparfaits car notre eau porte une grande teinture.

XCI

La teinture qui est cachée dans notre eau est blanche et rouge, quoiqu'elle ne donne d'abord qu'une teinture de blancheur. Mais comme eau qui dissout et rompt le corps, la première qui paraît dans cette dissolution est la noirceur signe de putréfaction. En effet, il faut que le corps se pourrisse dans notre eau, qu'ayant passé par toutes les couleurs qui marquent son infirmité, elle prenne la couleur blanche fixe et puis la rouge de pourpre qui sont les marques essentielles d'une véritable résurrection, dans laquelle triomphent la vertu et le germe de notre levain.

XCII

Notre levain contient un esprit igné comme la chaux vive, d'où vient qu'il pénètre le corps par sa subtilité, qu'il échauffe par sa chaleur, et qu'il fait lever le germe qui n'était dans le corps qu'en puissance et ne serait jamais passé en acte sans l'addition de notre levain, dont la vertu peut se multiplier à l'infini en lui apposant une nouvelle matière qui prend la vertu du levain et devient aussi aigre que lui et encore davantage. Et à la fin, il s'en fait une puissante médecine qui tombe sur les imparfaits qui sont de sa nature et les délivre de toutes leurs impuretés.

XCIII

La pureté de notre levain l'empêche de se mêler à aucune chose qui ne soit pure et qui ne soit de sa nature mercurielle, et sa subtilité lui donne la clef pour entrer dans l'obscure prison des métaux et la force de retirer ses frères de l'obscurité et de l'esclavage. Pour cet effet, il se transforme auparavant en plusieurs différentes manières comme un protée. Il monte au ciel, comme s'il voulait l'escalader, comme une nouvelle escalade. Il descend en terre, comme s'il voulait pénétrer les abîmes et enlever Proserpine sur son chariot de feu et s'enrichir des richesses de Pluton.

XCIV

On pourrait dire que ce levain, semblable à Vulcain, qui ayant épousé Vénus s'était embrasé du feu de son amant et ne respirait que ses embrassements. Mais, Jupiter le trouvant trop imparfait, lui donna un coup de pied et le jeta du ciel en terre. En tombant, il se cassa une jambe et il est demeuré boiteux depuis cette chute. C'est lui qui a composé ce rêt admirable par lequel Mars et Vénus furent attrapés et surpris sur le lit d'amitié ; C'est ce Vulcain que Philalèthe appelle brûlant, sans lequel le dragon igné et notre aimant ne peuvent jamais être bien unis ensemble.

XCV

Le feu dont notre Vulcain est embrasé fut autrefois dérobé par Prométhée et porté sur la terre, ce qui fut cause que pour punition de ce vol, Prométhée fut enchaîné par Vulcain même sur le mont Caucase, et Jupiter a ordonné à un vautour de lui ronger le foie et le cœur qui renaissent toujours et pullulent par la vertu du vautour même, qui leur laisse la facilité de germer et renaître après leur mort, pour vivre d'une nouvelle vie, de manière que le vautour qui se repaît du foie et du cœur de Prométhée ne le dévore que pour le multiplier incessamment.

XCVI

Cette renaissance ou revification nous représente celle du phœnix qui trouve la vie dans sa mort, se vivifie par soi-même et sort plus glorieux de ses cendres. L'agent dont il est ici question et qui est d'une merveilleuse origine dans le règne métallique, suivant la pensée de Philalèthe, porte et allume le feu sur le bûcher, semblable à celui duquel il est sorti ci-devant. Ce bûcher et le phœnix s'embrasent ensemble, se réduisent en cendres desquelles sort un oiseau semblable au premier de même nature, mais plus noble que lui et qui croît de jour en jour en vertu, jusqu'à ce qu'il soit devenu immortel.

XCVII

Ce phœnix qui renaît de ses cendres est le sel des sages et par ce moyen, leur mercure, dit Philalèthe. C'est le sel de gloire de Basile Valentin, le sel albrot d'Artéphius, le mercure double du Trévisan, lequel est embryon philosophique et l'oiseau né d'Hermogène. C'est l'eau sèche, l'eau ignée et le menstrue universel ou l'esprit de l'univers. La pierre des sages est rassasiée de cette eau qui ne mouille point. Elle en est formée afin de produire le lait de la vierge qui sort de son sein. Elle-même est le suc de la lunaire, c'est l'esprit et l'âme du soleil, le bain-marie où le roi et la reine doivent se baigner.

XCVIII

Ce sel est l'agent de la nature qui renverse le composé, le détruit, le mortifie et le réengendre souventes fois. Il contient en soi un feu contre nature, le feu humide, le feu secret, occulte et invisible. Il est le principe du mouvement et cause de putréfaction. C'est par ce dissolvant qu'on réduit l'or à sa première matière et tous les philosophes sont d'accord que le menstrue qui dissout radicalement le soleil et la lune doit conserver leur espèce et rester avec eux après la dissolution et par conséquent être de leur nature et se coaguler soi-même avec les corps qui ont été dissous et par leur vertu.

XCIX

Dans cette dissolution du corps par l'esprit, se fait la congélation de l'esprit par le corps et l'esprit et le corps s'aident l'un et l'autre, dit Lucas, dans cette « Tourbe ». L'esprit, dit-il, rompt premièrement le corps afin qu'il l'aide après ; quand le corps est mort, abreuvez-le de son lait, et vous verrez que le corps congèlera l'esprit et qu'il se fera un de deux, de trois et de quatre. C'est alors que le mort est vivifié et que le vif meurt dans cette solution et congélation. Ainsi les philosophes commandent de tuer le vivant et de vivifier le mort et avant cela, le corps et l'esprit se pourrissent et se corrompent ensemble.

C

Il n'y a point de parfait levain, où l'esprit et le corps ne se fermentent, ne s'aigrissent et ne s'échauffant ensemble par le moyen du feu interne et corrompant et d'une eau chaude qui aide et anime la chaleur du levain. C'est ce qui arrive au sujet de notre levain, de notre eau, de notre corps et de notre esprit. L'eau dont il est question est la première et même la seconde. Artéphius dit que le levain est tiré de l'or qui est le corps et le levain porte l'esprit corrompant ; ainsi l'eau, l'esprit et le corps composent ou fournissent la matière du levain.

CI

Comme nous avons plusieurs levains suivant les degrés de perfection où ils sont élevés par notre art, car la nature ne nous en donne point d'elle-même, aussi avons-nous plusieurs eaux, plusieur corps et plusieurs mercures. Il n'y a pourtant qu'un levain parfait, qu'un seul corps et qu'une seule eau véritable qui est le mercure des sages philosophes, qui est un vrai feu. Selon Artéphius, ce feu est un soufre et le mercure est le soufre, l'eau et le feu. Ce mercure est donc l'eau tirée des rayons du soleil et de la lune, dit Sendivogius.

CII

Ce mercure ne saurait être tiré des rayons du soleil et de la lune qu'il ne soit double. Il ne saurait être tiré de ses cavernes vitrioliques sans tenir lieu de levain. Il ne saurait tenir du feu et de l'eau, du soleil et de la lune, du corps et de l'esprit sans être l'âme qui joint le corps et l'esprit, le médiateur du feu et de l'eau, et ce serait à tort que les philosophes lui donneraient tant de louanges si ce mercure n'était l'agent dans notre art et le dissolvant universel des corps.

CIII

Nous avons besoin de ce levain ou mercure pour les trois dissolutions nécessaires à l'œuvre des philosophes. La première regarde le corps crud pour en tirer l'esprit séparé de son corps, qui nous est nécessaire pour donner la vie aux morts et pour guérir les maladies. La seconde est la solution de l'or et de l'argent qui composent par leur union la terre minérale. La troisième dissolution est ce qu'on appelle emploi pour la multiplication, la première qui est spirituelle sert pour la fermentation du corps impur, la deuxième radicale du pur, et la troisième multiplicative du très pur.

CIV

On dissout le corps impur pour avoir l'esprit caché en lui et le mercure qui le dissout est la première clef qui ouvre la porte à la pierre. C'est ce mercure qui est préparé par notre art et qui est composé de matière vile et de peu de prix. Elle est sulfureuse et mercurielle, chaude et froide, sèche et humide. Elle contient la vertu styptique et astringente des métaux, dont parle Basile Valentin, deux fois née du mercure. Ce mercure contient un grand trésor, à savoir l'esprit du mercure et du soufre : la fleur et l'esprit de l'or ; il ouvre la porte de la maison de son père et de sa mère et ouvre l'entrée du palais du roi.

CV

De la matière de cette première clef, l'art en forme une seconde par adaptation. La première est de toutes les couleurs, mais la seconde est blanche comme la laine et se précise beaucoup plus que la première. C'est elle qui ouvre la seconde porte et qui dissout la terre minérale dans laquelle est caché l'or des philosophes, le véritable soleil. Elle le fait paraître au jour sous plusieurs formes différentes, tantôt en terre, tantôt en eau et ouvre si bien toutes les serrures de ce palais royal qu'après l'avoir ouvert et fermé à diverses reprises, elle rencontre la pierre et l'élixir des philosophes.

CVI

La troisième clef se forme de la matière de la première et de la seconde. C'est elle qui est la clef qui ouvre non seulement le cabinet où se trouve la pierre, mais encore la cassette de la pierre et la pierre même, afin qu'elle croisse et se multiplie en qualité et en quantité. Mais à chaque fois que la pierre est ouverte par cette clef rouge, il s'y fait une nouvelle dissolution et la terre devient eau ou bouillon gras et poreux, et l'eau devient terre. Il se fait corruption et à chaque fois une nouvelle génération et la pierre multiplie de dix degrés de qualité à chaque fois et cela jusqu'à sept fois.

CVII

Cette multiplication est la dernière parole des sages, comme la dissolution est la première, dit Flamel. La dissolution est le premier fondement ou le premier pas de la philosophie et la multiplication en est la fin, si on excepte la projection dans laquelle il se fait encore une dissolution radicale par la séparation et exclusion de l'impur et par la congélation du grain pur. Ainsi la dissolution est nécessaire au commencement de l'œuvre, au milieu et à la fin et après l'accomplissement de l'œuvre par la première, les corps durs deviennent mols comme de la crème ou comme de la gomme pesante, dit Morien.

CVIII

Les autres disent que par la dissolution, les corps secs sont réduits en eau sèche qui ne mouille point les mains, c'est-à-dire en mercure puis en semence, ensuite en esprit fixe et enfin en terre, laquelle est souvent réduite en eau mais par dissolution, et retourne en terre par congélation, monte et descend et de clarté en clarté est élevée à la dernière période de fixité et de fusibilité, et comme il faut pour toutes les opérations avoir une eau sèche et dissolvante comme la clef nécessaire présentée et préparée des mains de nature à l'artiste, plusieurs ont cru que ce dissolvant ou cette clef était le mercure vulgaire.

CIX

Tous les auteurs s'accordent en ce point, que le mercure vulgaire n'est point notre eau dissolvante, ni notre véritable mercure. La raison en est prise du côté de son impureté, qui ne lui permet pas de se mêler intimement et par les plus petites parties, avec les corps purs qui doivent être dissous, ni par conséquent de demeurer avec eux inséparablement après leur dissolution. Cette même impureté qui lui est naturelle ne lui donne pas le pouvoir de purifier les impurs que nous devons purifier dans leur dissolution, car celui qui doit purifier les autres doit être pur dit Philalèthe.

CX

Outre la pureté qui manque au mercure, il lui manque une chaleur naturelle qu'il n'a pas pour être le mercure des philosophes qui dissout radicalement l'or, qui se change en or, après avoir changé l'or en soi par la dissolution. Ce défaut de chaleur vient de ce que c'est un fruit cru tombé de son arbre avant le temps, auquel la nature n'a pas adjoint son propre agent, mais comme il est demeuré impur, froid et indigeste, il a besoin d'un soufre lavé et incomburant que l'art lui ajoute pour le mûrir, l'échauffer et le purger et sans ce soufre, l'art ne saurait perfectionner le mercure.

CXI

Ce soufre pur et fixe qui perfectionne le mercure vulgaire dans la projection où il est transmué en or, doit être tiré des choses qui sont de la nature du mercure, autrement, il n'aurait pas le pouvoir de le pénétrer et de s'unir à lui intimement. Car, la nature ne s'unit qu'à la nature et repousse tout ce qui lui est étranger. Or, le mercure des philosophes contient ce soufre lavé et incomburant par lequel il est peu à peu digéré et changé en or et puis par une nouvelle régénération, changé et élevé en pierre fixe fondante, qui change le mercure vulgaire en or dans un moment.

CXII

On peut voir de ce que nous venons de dire, que Philalèthe a dit la vérité, lorsqu'il nous assure dans sa métamorphose que le mercure vulgaire et celui des sages ne sont point différents matériellement et fondamentalement l'un de l'autre ; car l'un et l'autre sont une eau sèche et minérale. Que les enfants de la science sachent donc, dit ce philosophe, que la matière ou mercure vulgaire peut et doit entrer en partie dans la matière du mercure des philosophes, de sorte que leur matière est homogène et qu'elles ne diffèrent ensemble que selon le plus ou moins de degrés de chaleur.

CXIII

Il est donc certain, pour parler de bonne foi et selon la doctrine de ce grand philosophe, que si l'on pouvait ôter au mercure vulgaire ce qu'il a de superfluités sulfureuses adustibles, d'aquosités, de terrestréités corrompantes, et si on pouvait lui donner la chaleur du soufre incomburant, c'est-à-dire une vertu spirituelle et ignée, les ténèbres de Saturne étant dissipées, on verrait sortir ce mercure tout brillant de lumière et ce mercure ne serait plus vulgaire. Ce serait celui des philosophes qui disent tous qu'étant déterminé comme il est, il ne peut être notre mercure sans perdre sa forme.

CXIV

Le mercure vulgaire est un corps, celui des philosophes est un esprit, du moins le mercure vulgaire est corporel, mort, et celui des sages est spirituel et vivant. Le vulgaire est mâle et le nôtre est femelle ou du moins hermaphrodite. C'est une eau, le mercure vulgaire la contient mais elle est trop enveloppée dans son corps. Le mercure des philosophes est notre bénite semence, le vulgaire n'en est que le sperme qui la contient, mais on ne l'en peut tirer que par la dissolution qui se fait par notre mercure et dans lequel il perd sa première forme pour reprendre une forme plus noble et plus excellente.

CXV

Je sais bien que le mercure vulgaire conservant sa forme dont il est spécifié, n'est pas la matière immédiate de la pierre et quand même il serait dépouillé de sa forme, il ne peut être changé en pierre qu'il ne soit fait mercure des sages, ni mercure des sages sans avoir été mortifié et revivifié ou engendré. Il n'est pas aussi le dissolvant de l'or et des autres métaux, qu'il n'ait été dépouillé de tout ce qu'il a étranger non métallique et corporel ; mais on peut dire dans la vérité qu'il est la plus aisée et la plus prochaine matière ou le sujet le plus propre à la projection philosophique.

CXVI

On peut dire aussi en faveur du mercure vulgaire qu'il est la molle montagne dont parle Sendivogius et dans laquelle on peut fouir facilement avec l'agent des philosophes et y trouver l'eau vive et ignée ou le feu humide que nous cherchons, et l'ayant trouvé, en faire des merveilles. On peut dire encore en sa faveur qu'il peut être utile à l'œuvre si on peut lui ôter ce qu'il a d'impuretés et suppléer à ce qui lui manque de vertu ignée. Il dit de lui-même dans un dialogue qu'il est mercure mais qu'il y en a un autre qui ouvre les portes de la justice, dont il est le précurseur, symbole admirable d'un grand mystère.

CXVII

C'est un grand avantage du mercure vulgaire d'être la voie de son maître et le précurseur du mercure des sages qui, d'après le grand Philalèthe, vient délivrer ses frères les minéraux, métaux, végétaux, animaux et tous les corps naturels, de toutes leurs souillures originelles. Nous parlons toujours par paraboles et comparaisons, parce que la nature et sa science sont la source de tous les mystères et le symbole des plus hautes vérités. Par elles, on trouve l'explication, la prédiction et les manifestations de tout ce qui est occulte. Tel est l'effet de la savante sagesse, artiste de toutes choses et qui enseigne parfaitement la racine secrète des opérations merveilleuses, selon l'expression du roi Salomon, lui-même ainsi qu'il le dit, et décrit la sagesse triplement car elle reçoit trois sens mutuellement et également représentatifs l'un de l'autre et nous écrivons comme ce sage a écrit.

CXVIII

Les philosophes ont sans doute été dans cette pensée lorsqu'ils ont dit qu'on doit tirer un air par un autre air, un esprit par un esprit, prendre ou attraper un oiseau par un oiseau, comme parle Aristée. Les autres ont dit que par un esprit crud, on doit en extraire un qui fut digeste et cuit. Les autres ont dit qu'un menstrue végétal, uni au minéral et à un troisième menstrue essentiel, étaient nécessaires pour avoir le dissolvant universel ou mercure des philosophes, c'est-à-dire que ce troisième mercure a besoin d'un précurseur comme un Elie.

CXIX

Ce fameux mercure, auquel les philosophes ont donné tant de louanges, mérite d'avoir symboliquement un précieux feu qui est dit l'esprit d'Elia et qui prépare les voies de son Seigneur. Le précurseur est de même nature que le Seigneur, mais celui-ci est infiniment plus noble car il est né d'une terre vierge et conçu d'un esprit céleste au lieu que le précurseur a été conçu en iniquité comme les autres corps métalliques, quoiqu'il ait été purifié dans la suite et lavé dans le centre de sa mère pour être rendu digne de préparer les voies du roi philosophique.

CXX

Ce discours allégorique est tiré de la doctrine du savant Philalèthe, notre contemporain, et du fameux Sendivogius qui enseignent que tous les corps métalliques sont tous conçus en iniquité et malédiction dans le sein d'une terre corrompue et que l'or même tout pur qu'il est, aussi bien que le précurseur dont nous parlons, ont besoin du mercure des philosophes qui est conçu d'une terre vierge et formé de son sang très pur par un esprit céleste, source de beauté, de pureté et de lumière ; et aussi, quoiqu'il soit de nature corporelle, de la nature des autres, il les purifie par sa vertu.

CXXI

Le mercure des sages est à la vérité composé du corps, d'âme et d'esprit. Mais son corps, après avoir passé par toutes les opérations de l'art, comme par des tortures et des souffrances, son corps, dis-je, matériel est tout spiritualisé et ayant été élevé en gloire, il est d'une si grande vertu, sublimité, lumière et fixité qu'il peut être tout fixe et illumine tout et triomphe de tout ce qui est dans le règne métallique. Il sépare la lumière des ténèbres qui obscurcissent ses frères, esclaves de l'impureté et enfin, c'est un pur esprit qui attire à soi tout ce qui est pur.

CXXII

Quelque noblesse que nous trouvions dans notre mercure, la semence dont il est fait et composé par notre art, n'est pas différente de celle dont tous les métaux sont composés ; et les corps métalliques, ne diffèrent l'un de l'autre que par le plus ou le moins de décoction et de pureté ; car la semence est la même, et ces superfluités introduites ou restées dans leur congélation, ne sont pas naturelles aux métaux et n'ont pas corrompu leur semence, qui est une portion de lumière céleste et incorruptible, qui luit dans les ténèbres et qui est pure dans les ordures.

CXXIII

L'or a la semence. Il est même toute semence métallique dont il a l'éclat, mais il n'est ni le mercure des sages, ni la pierre. Car quoiqu'il soit aussi pur que l'un ou l'autre, il n'a pas la subtilité de l'un ni la subtilité de l'autre. L'or est mort, mais il peut ressusciter que par la vertu du mercure des sages qui est son propre dissolvant et l'auteur de sa mort et de sa vie, qui le fait descendre dans les enfers et qui l'en retire pour le faire monter jusqu'aux cieux et lui procurer cette subtile fixité qu'il n'a pas de sa propre nature.

CXXIV

Il y a cette différence entre l'or et le mercure des sages, que le premier est un ouvrage de la nature qui le fait dans les mines sans le secours de l'art et le second est l'ouvrage de l'art et de la nature, car il ne se trouve ni sur la terre, ni dessous. C'est un enfant que nous pouvons produire par extraction, c'est-à-dire en le tirant des choses où il est. Or, il se tire par artifice du soufre et du mercure de la nature, conjoints ensemble par l'entremise d'un tiers de même nature et étant tiré, il est matière prochaine de notre pierre.

CXXV

Dans une semaine, dit Philalèthe, ce mercure par simple digestion devient or philosophique, qui est la matière la plus proche de la pierre. C'est ce mercure qui suffit tout seul avec le feu ; voire, il est le feu lui-même. S'il y a quelqu'un dit-il, dans son dialogue, qui ait vu le feu caché dans mon cœur, il a connu que le feu est ma véritable nourriture, et plus l'esprit de mon cœur mange longtemps du feu, plus il devient gras. Ainsi, le serpent dévore sa queue et se mange lui-même et le feu et lui sont deux et un seul.

CXXVI

La minière de notre mercure n'est pas autre chose que le soufre et le mercure joints ensemble, dit le Cosmopolite, car des deux se fait un, qui est le lait virginal, dit Arnaud de Villeveuve. Ce lait est notre mercure ou aigle blanc composé du composé, l'air de l'air, l'argent-vif de l'argent-vif, l'eau tirée d'une roche ou l'on voit une mine d'or et d'acier. On remarque ici les deux principes du mercure des philosophes. Son père est le soleil, élevé en degrés par notre art, et sa mère la lune blanche qui à la conception de ce fils, s'éclipse avec le soleil.

CXXVII

L'or et le mercure coulant sont la matière de notre œuvre, dit Philalèthe. Si ce philosophe parlait autrement, il trahirait sa pensée et son nom. Mais on peut ajouter à sa pensée que la matière de l'œuvre est le mercure seul et qu'on fait ce grand chef-d'œuvre de la nature et de l'art et tous les miracles qui l'accompagnent d'une seule chose, comme dit Hermès, c'est-à-dire du mercure des philosophes qui est l'or vif ou l'or embryonné et volatil qui se change en or par une petite chaleur mais non pas en pierre immédiatement. Mais enfin, tout ce qui la compose tire son origine de notre mercure.

CXXVIII

L'or sortant de notre mercure, comme le soleil du sein de Thétis, tout éclatant de lumière est appelé or vif autant du temps qu'il n'a pas passé par le feu de fusion, qui est la mort de nos métaux, dit Basile Valentin. Or, cet or-vif est tout feu, ou le vrai feu de l'or très fixe et très pur, or balsamique, ennemi de corruption. Il contient en soi le sel, le soufre et le mercure ou plutôt, il est tout sel, tout soufre, tout mercure, mais en ces trois principes, il est tellement en unité et homogénéité qu'il est inaltérable et incorruptible et ne peut être décomposé que par les rayons du soleil qui est son père.

CXXIX

L'or vif est souvent appelé soufre vif. C'est ce soufre, dit Sendivogius, à qui les philosophes ont donné le premier rang, comme au principal des principes. C'est ce premier agent qui est tenu fort caché. Il est pourtant fort commun. Il est partout, disent-ils, et en toutes choses. Il est végétal, animal et minéral. Il est la vie de toutes choses et une portion de cette lumière qui fut faite au commencement du monde. Il est le principe de toutes les couleurs, de toutes les congélations et de toute maturité, et sans ce soufre-vif, l'humide radical dans les végétaux serait tout à fait inutile.

CXXX

Ce soufre ou or vif peut être considéré en trois états. Dans le premier, c'est un pur esprit qui se trouve en toutes choses qui est leur âme, leur vie et leur lumière. Il est comme un ciel terrifié et enveloppé dans tous les corps. Dans le second état, il est minéral, par conséquent spécifié dans les minéraux et enclos dans leur humide radical ; parce que c'est un feu, il agit sans cesse sur cet humide quand il est en liberté d'agir, et comme cet humide est un air, ce feu s'en nourrit dans le troisième état, il est foudroyant, victorieux et triomphant de tout ce qui lui résiste.

CXXXI

On peut encore, en accordant les philosophes, dire que l'or vif des sages peut être considéré comme agent et comme patient. Comme agent, c'est un esprit qui est toujours en action, qui donne le mouvement à toutes choses et qui est le principe et promoteur de la corruption et génération des composés. C'est un esprit de lumière toujours occupé à chasser les ténèbres et à séparer le pur de l'impur. Dans cet état, il est le mercure des sages, comme dans le lieu de sa domination où il commence à exercer les actes du roi.

CXXXII

Ce feu ou ce soufre cesse d'agir quand il a consommé son propre humide, si on ne lui en fournit point de nouveau. Mais si on lui en donne, il recommence son mouvement et convertit encore cet humide en sa substance, tout autant qu'il le peut ; en achevant son mouvement dans l'art et sur l'art des sages, il convertit tout son humide radical en pur or qui est or vif mais patient. Ainsi, l'agent devient patient ; la première matière devient la deuxième, mais la seconde devient la première. Ce mercure qui était patient devient agent et redonne leur mouvement à notre or vif.

CXXXIII

Si l'or vif recommence son mouvement, il travaille avec plus de vigueur que la première fois, son terme se trouve plus noble, car à cette seconde fois, l'ouvrage se termine à un or plus excellent que n'est son grand-père et qui n'est pas son père et sa mère. Car l'élixir, qui est le ciel et la terre et le soufre incombustible et tingeant à tout épreuve, se trouve parfait à la fin de ce mouvement. Ainsi, l'or produit l'or du mercure et l'or et le mercure, le soleil et la lune produisent la pierre et en sont faits. Et l'on voit que les choses finissent par où elles ont commencé.

CXXXIV

Les philosophes, d'un commun accord, ont dit avec raison que leur or vif n'est autre chose que le pur feu du mercure, c'est-à-dire la plus parfaite portion de la noble et pure vapeur des éléments ou bien ce feu inné et intrinsèque au mercure, à savoir passivement et en puissance dans le mercure vulgaire, activement en acte dans le mercure des sages. Cet or vif est comme une exhalaison et le mercure est comme la vapeur qui contient cette exhalaison. Or, la vapeur étant consumée par la chaleur de l'exhalaison, se change en une poudre qui imite la foudre tombant sur les métaux imparfaits.

CXXXV

Cette noble vapeur des éléments est l'humide radical de la nature qui est partout et en toutes choses, et qui se trouve spécifié en chacune et particulièrement dans le mercure vulgaire, où cet humide radical spécifié et déterminé à la nature métallique en sort fort abondant. Et sans doute que si la nature toute seule ou aidée de l'art lui avait adjoint le feu inné ou agent intrinsèque, ou cette exhalaison qui tient du mâle, le mercure vulgaire serait le mercure des philosophes et ainsi pourrait devenir or, et par degrés, médecine aurifique.

CXXXVI

Ce soufre fixe ou feu métallique qui est en puissance dans le mercure vulgaire est bien actuellement dans l'or mais il n'y est pas en actes ou en actions à cause qu'il est placé sous de fortes barrières qui le mettent à couvert de la violence du feu élémentaire et rien ne peut rompre ces barrières que notre feu humide. Mais, pour trouver cet or vif, il faut le trouver (et le prendre) dans sa propre maison, qui est le ventre d'Ariès. Ce soufre ou or vif est le seul agent capable de dépouiller le mercure vulgaire de toutes ses impuretés et de digérer ce qui est indigeste et unir à soi ce qu'il a de pur.

CXXXVII

Lorsque le mercure, c'est-à-dire l'humide et la froideur dominent à la chaleur et à la sécheresse qui sont le soufre, c'est ce qu'on appelle le mercure des sages qui est froid et humide au dehors et lorsque le chaud et le sec dominent le froid et l'humide, c'est l'or qui tient le mercure dans ces liens, sous la domination du soufre lequel ayant consumé tout son humide radical le change en soi, à savoir en or. Ainsi, l'or est tout soufre et tout esprit, il est aussi tout corps et tout mercure.

CXXXVIII

Les philosophes ont tous reconnu deux sortes de soufres ou d'agents naturels, l'un est extrême et sert de cause efficiente et mouvante au dehors, l'autre est cause interne et comme forme informante. La première ayant fait son opération se retire, disent Bonus et Zachaire, et pour lors c'est la putréfaction du métal. Le second est une portion ineffable de cet esprit lumineux contenu dans la semence qui est l'humide radical métallique et ce soufre est inséparable de son sujet qui est cette même semence ou humide radical qui a le sperme.

CXXXIX

Cet esprit lumineux contenu dans la semence métallique qui est l'humide radical des métaux n'est autre que ce qu'on appelle la nouvelle lumière, l'air des philosophes. C'est ce même air, dont parle Aristée, écrivant à son fils ; cet air, dit-il, est le principe de chaque chose en son règne. Et pour cette raison, cet air est la vie et la nourriture des choses dont il est le principe ; Ce qui a fait dire à tous les philosophes que l'air nourrit le feu inné. Ainsi l'air métallique inspire la vie au feu métallique, et lui fournit l'aliment, parce qu'il en est le principe.

CXL

L'air des philosophes n'est pas l'air commun, qui est la nourriture du feu inné dans toutes choses et sortes d'êtres. Mais c'est un air métallique qui est la nourriture du feu, du soufre minéral, lequel feu ou soufre est contenu dans le mercure des sages. Cet air métallique est une essence très subtile qui prend le corps d'une vapeur et se condense avec l'humide radical métallique pour servir de nourriture au feu minéral contenu dans cette vapeur grasse, qui est une essence aérienne qu'on peut appeler esprit ou air, et qui est la vie de chaque chose, et nécessaire pour l'œuvre.

CXLI

Cette vapeur nécessaire à l'œuvre des sages, doit se chercher dans les corps métalliques, mais il faut une clef d'or, dit Aristée, pour ouvrir les portes de la justice. Cet air dont nous avons besoin est enfermé. On ne peut le tirer de sa prison que par le moyen d'un autre air homogène qui sert de clef. Sur quoi, on peut dire avec Philalèthe, que cette clef dorée qui ouvre la

« Porte du palais fermé du roi », est notre acier qui est, dit ce philosophe, la véritable clef de l'œuvre, sans laquelle le feu de la lampe ne peut être allumé.

CXLII

Notre acier est la minière de l'or, un esprit très pur, un feu infernal et secret et le miracle du monde. Le système des vertus supérieures dans les inférieures, dit Philalèthe ; cet acier est la lumière de l'or et l'aimant d'où il vient est la lumière de l'acier. Mais il est certain, dit le Cosmopolite, que notre acier engendre notre aimant, ou du moins, contribue à sa génération et que notre aimant engendre ou fait paraître notre acier, ou disons avec moins d'envie, que notre air et notre aimant sont les deux principes de notre acier, de notre minière, de l'or et de leur lumière.

CXLIII

Cet aimant et cet air sont les deux premiers agents et les deux dragons dont parle Flamel, qui gardent la Toison d'Or et l'entrée du jardin des vierges Hespérides. Il les appelle soleil et lune, de source mercurielle et d'origine sulfureuse, lesquels par feu continuel s'ornent d'habillements royaux pour vaincre toutes choses métalliques, solides, compactes, dures, fortes, lorsqu'ils seront unis ensemble et puis changés en quintessence qui est un extrait de l'eau de la terre et du feu ; et c'est notre acier, ou notre mercure double du bon Trévisan.

CXLIV

Cette quintessence est avec le feu du soufre minéral, le sac de la saturnie et le lien du mercure et pour la faire, il faut, dès le commencement, prendre deux serpents et les tuer, les corrompre et engendrer, dit Flamel. Elle est l'eau sèche qui ne mouille point les mains ou bien c'est ce lait virginal d'Arnaud de Villeneuve, qui contient en soi les deux spermes masculin et féminin, préparés dans les reins de nos éléments. C'est l'humide radical des métaux, le soufre et l'argent-vif des philosophes, le double mercure, tiré de la corruption du soleil et de la lune.

CXLV

Cet admirable composé renferme en soi l'eau et le mercure des philosophes, c'est-à-dire les quatre éléments. Il n'est ni lait ni mercure, dit l'abbé Synésius. C'est une chose imparfaite, dit Philalèthe. C'est le soleil et la lune des sages, dit le Cosmopolite ; le fils de notre aimant et du dragon igné qui a dévoré le serpent ; feu secret, fourneau invisible, première humidité des sages qui résulte de la destruction des corps, car en effet, l'eau seconde et dorée d'Artéphius se fait de la destruction du composé comme le composé se fait de la destruction des corps très chers.

CXLVI

La destruction de ce composé, dit l'anonyme, est la seconde clef de l'œuvre, le mystère des mystères et le point essentiel de notre science. C'est ce qui ouvre les portes de la justice et les prisons de l'enfer, dit le Cosmopolite ; c'est alors qu'on voit couler au pied du rocher fleuri, cette eau si fameuse chez les philosophes, laquelle se fait, dit Basile Valentin, par le combat de deux champions qui se donnent le défi. Car l'aigle seul ne doit pas faire son nid au sommet des Alpes, mais on doit lui joindre un dragon froid, dont l'esprit volatil brûle les ailes de l'aigle.

CXLVII

La chaleur ignée de l'esprit du dragon faisant fondre la neige des montagnes, nous avons l'eau céleste dont il s'agit et dans laquelle le roi et la reine vont se baigner, dit Artéphius ; mais il faut que la terre reçoive son humidité perdue dont elle se nourrit. Il est donc nécessaire de réitérer ces préparations d'eau par plusieurs distillations afin que la terre soit souvent imbibée de son humeur et de cette humeur autant de fois tirée à l'imitation de l'Euripe, par un flux et un reflux admirable. Mais sans feu, il ne se fait aucune eau.

CXLVIII

Comme on ne saurait tirer notre eau aérienne ou air aquatique sans feu, aussi ne saurait-on la digérer ou la perfectionner sans feu, ce qui fait dire à Hermès que le feu est le pilote du grand œuvre et à Artéphius que le feu est nécessaire au commencement, au milieu, et à la fin de notre ouvrage. Ce qui doit s'entendre du feu de putréfaction qui est nécessaire pour la génération, comme dit Morien. C'est ce feu putréfiant, que le Comte Bernard appelle chaleur du fumier et qui connaît bien ce feu, dit-il, a la conclusion de notre Saturne, qui est la blancheur.

CXLIX

Cette conclusion de notre Saturne qui se fait par degrés est la « Lumière sortant des ténèbres » et cette lumière ou blancheur, ne sort que par ce feu qui cause sa putréfaction et qui est le feu contre nature, comme l'enseigne Artéphius, si nécessaire à la composition du magistère, dit Parménidès, à cause qu'il faut rompre et corrompre ce corps, pour en tirer l'âme et l'esprit et de cette manière, la mondification et ablution de la matière se fait par le feu, dit Calid, par ce même feu se fait l'éjection des ordures du composé.

CL

Le magistère des sages commence par le feu et s'achève par le feu. Ce feu est quelquefois humide et le bain du bain ou du fumier chaud ; quelquefois, c'est un feu chaud humide et froid et c'est le feu de lampe ; enfin, il est sec, chaud et humide, et c'est le feu des cendres blanches ou de sable rouge. Notre feu échauffe la fontaine des sages.

Pour conclusion, ce feu est chaud, froid, humide et sec ou plutôt, c'est un esprit ou une quintessence, qui n'est ni chaude, ni sèche, ni froide, ni humide en soi. Dieu la donne aux sages ; qu'il en soit loué à jamais.

Fin du Psautier d'Hermophile

DICTIONNAIRE ÉLÉMENTAIRE À L'USAGE DES JEUNES DISCIPLES D'HERMÈS

DICTIONNAIRE ÉLÉMENTAIRE À L'USAGE DES JEUNES DISCIPLES D'HERMÈS

– Le premier sujet et le feu sont indispensables dans l'œuvre.

– De la préparation du premier sujet résulte une humidité mercurielle brillante et lumineuse.

– Il y a un sujet particulier propre à l'œuvre.

– Il faut tirer deux choses du sujet et puis les réunir par l'art.

– Il faut en ôter toutes les impuretés pour en faire sortir les choses cachées et tirer d'un chaos le soufre et le mercure, qui étant réunis, font le mercure des sages.

– Ce compost qui est le mercure des philosophes suffit, moyennant le feu, pour faire l'or. Celui-ci, rentré dans son chaos et sorti de ce même chaos, triomphe de toute impureté métallique et peut se multiplier à l'infini.

– Le premier chaos ou sujet est composé du sang du dragon et de la saturnie végétable.

– Le premier chaos ou sujet est le composé de sages et contient les quatre éléments.

– Le premier sujet ou le composé est corporel et spirituel.

– Le premier sujet ou chaos ou composé est fait de deux, soufre et mercure et des trois principes et des quatre éléments qui commencent à se concilier ensemble.

– Du chaos général dérivent ceux particuliers des trois règnes. Le chaos minéral qui contient le soufre et le mercure dans un même sujet est la première matière de l'artiste.

– Le chaos des sages se tire du même premier sujet ou première matière selon les diverses opérations de l'art, imitateur de la nature et d'après les dispositions de la semence ordonnée de Dieu.

– Le premier sujet est la matière de l'art qui

se compose de trois substances par le ministère de Vulcain ou du feu.

– Cette première matière ou hylé qui est placée entre le métal et la minière est un chaos ou un composé de fixe et de volatil tout ensemble, que les sages appellent hylé ou la première eau, qu'ils tirent et composent du premier hylé naturel et minéral que la nature avait composé des éléments.

– Cette première matière ou composé se fait par la destruction du corps et l'eau (ou second hylé) qui en est l'âme, l'esprit et l'essence se fait par la destruction de cette première matière.

– On n'a besoin que de cette eau ou âme pour le commencement, le milieu et la fin de l'œuvre. Cette eau est deux fois née du mercure.

– Notre chaos, c'est-à-dire celui que tirent les sages du chaos primitif, s'appelle encore magnésie.

– Notre chaos doit être purifié dans notre feu pour en tirer le mercure philosophique revêtu de la forme d'eau, pour pénétrer, dissoudre les corps terrestres et réveiller le feu interne de la nature, assoupi en eux.

– Le mercure des philosophes est enfermé et emprisonné dans le chaos du premier chaos minéral que présente la nature. Il en est tiré et mis en liberté par le secours de l'art qui vient aider la nature et qui commence où elle a fini. Celui-ci l'aide à son tour à mesure que les esprits se tirent de l'esclavage du corps et se séparent des esprits grossiers de la matière qui restent inutiles au fond du vaisseau.

– Le mercure ainsi dégagé des lieux de sa première coagulation contient une double nature, à savoir : une ignée et fixe qui lui est intérieure, qui est le cœur fixe de toutes choses, permanente au feu et le vrai soufre des philosophes. L'autre humide et volatile qui est antérieure à la précédente, qui est la plus pure et la plus subtile de tous les esprits, la quintessence de tous les éléments, la première matière de toute chose métallique et le vrai mercure des sages.

– On distingue quatre sortes de mercure. Le premier est celui des corps qui est la semence précieuse dont se fait la teinture des philosophes, mercure créé de Dieu. Le second est le bain et le mercure de la nature, le vase des philosophes, l'eau philosophique, le sperme des métaux dans la graine (où réside le point séminal). Le troisième qui se fait des deux précédents est le mercure des philosophes. Le quatrième est le feu secret, moyenne substance de l'eau.

– L'ancien chaos créé de Dieu contenait en confusion et au repos les semences de toutes choses et les contraires y demeuraient en paix. Les semences métalliques comprises dans notre chaos y sont aussi en paix et attendent que l'artiste dise *Fiat lux*, en séparant la lumière des ténèbres, en réduisant la semence métallique de puissance en acte, en rendant l'invisible visible.

– L'ancien chaos était toute chose et n'était rien de particulier. Le chaos métallique produit par la nature contient en soi tous les métaux et n'est point métal. La nature commençait un métal en lui, mais empêchée dans son cours, elle ne vous a donné qu'un chaos.

– Le ciel et la terre des philosophes sont contenus en confusion dans ce chaos métallique. Il est une image de la mort et cependant la terre catholique a une vie cachée.

– Le chaos minéral ouvert, les éléments séparés, les éléments purifiés se réunissent en huile en forme d'eau visqueuse qui est ce chaos ou composé philosophique, et le soleil qu'il faut nourrir et laver sort du sein de la mer. Le sage marie le ciel et la terre et unit les eaux supérieures aux inférieures.

– De ce chaos ou composé philosophique qui est notre première matière, le sage en tire un esprit visible, qui néanmoins est incompréhensible, qui est la racine de vie du corps et le mercure des philosophes, dont la liqueur doit être rendue matérielle jusqu'à ce qu'elle arrive à un degré de souveraine et parfaite médecine.

– Ce corps dont on tire un esprit qui est une eau d'or sans corrosion, est informe et ressemble à un chaos, à un avorton ou un ouvrage de hasard. L'esprit qu'il contient est sous des formes méprisables, aussi fait-on payer à vil prix sa matière par les ignorants, tandis que les sages et les savants l'estiment uniquement parce qu'ils en connaissent la valeur.

– Cet être unique composé de deux substances dont la troisième est cachée est le vaisseau d'Hermès (les colombes de Diane) où l'air qu'il faut cuire est un milieu entre le métal et le mercure. C'est l'enfant philosophique, c'est une seule esssence qui accomplit d'elle-même le grand œuvre, à l'aide d'un feu gradué qui en est la nourriture.

– Cet enfant doit être d'abord purifié de ses phlegmes et en huile ramené sept fois à sa mère qui est la lune blanche. Il doit être lavé, nourri et allaité du lait de ses propres mamelles et recevoir son accroissement et sa force par les imbibitions et être perfectionné par les aigles volants qui se font par la sublimation et l'addition du véritable soufre, qui aiguisé, en sort plus fort d'un degré à chaque sublimation.

– Cette sublimation fait toutes les opérations des sages. C'est l'élévation ou l'exaltation de la substance d'un état abject à l'état de haute perfection. On reconnaît en notre mercure un mouvement d'ascension dans le premier ouvrage, qui est la préparation du mercure, ce qui constitue toute la difficulté. Le reste n'étant plus qu'un jeu d'enfant et œuvre de femme.

– La sublimation est l'élévation d'une chose sèche avec adhérence au vaisseau, par le moyen du feu. La chose sèche étant notre aimant qui attire naturellement son vaisseau qui est l'humide, car le sec attire l'humide et l'humide tempérera le sec, s'unit à lui par le moyen du feu qui participe de la nature de l'un et de l'autre.

– Dès que Neptune est sorti du centre de la mer, il apaise tous les vents et fait un calme général avec son trident, c'est-à-dire que notre pierre ou la matière devient triomphante en siccité.

– C'est le ciel et la terre qui se marient sur le lit d'amitié et c'est le palais royal ; ce sont les imbibitions. C'est la mère qui nourrit son enfant et l'enfant qui nourrit sa mère s'aidant mutuellement pour augmenter et se multiplier.

Déjà parus dans la collection
Les Classiques de l'Alchimie :

Dialogue entre la nature et le fils de la Philosophie – Egidius de Vadis.

Le Livre de Senior suivi de Lettre de Psellos sur la Chrysopée et de Rachidibid.

La Nature dévoilée ou la théorie de la Nature.

La Tourbe des Philosophes.

La Pratique du Grand Œuvre des Philosophes – Rouillac Piémontois.

L'Œuvre de Jean Saunier suivi du Particulier de Chirico, abbé de Cologne et de la Pratique du père Benedetto de Vienne.

Le Livre de la manière de faire la Pierre des Philosophes – Laurent Venture.

Lire en complément chez le même éditeur :
Les Deux Lumières – Henri Coton-Alvart.

Mise en page par P.C.A.
44340 Bouguenais

Impression : EUROPE MEDIA DUPLICATION S.A.
F 53110 Lassay-les-Châteaux
N° 4999 - Dépôt légal : Avril 1997